TEMPFER
1956

Les Présages expliqués

LES PRÉSAGES

EXPLIQUÉS

ÉDITIONS NILSSON

73, BOULEVARD SAINT-MICHEL, 73

PARIS

PREMIÈRE PARTIE

CHAPITRE PREMIER

L'ANCIENNETÉ DES PRÉSAGES

Les Romains et les Grecs avaient emprunté aux Chaldéens la plupart des arts divinatoires :

« Ce que disent les caractères de l'Écriture ».

« Ce que disent les lignes de la main. »

« Ce que disent les traits du visage. »

« Ce que disent les cartes », etc.

Nous avons, dans des opuscules précédents, remonté à l'origine de ces traditions, et expliqué ces sciences divinatrices.

L'art de la divination a pour base la croyance à une révélation divine faite aux hommes au sujet des événements à venir.

Il existait, bien entendu, diverses méthodes d'après lesquelles on interprétait la volonté des dieux.

On pénétrait ainsi dans le domaine du surnaturel.

La science des présages était une de ces méthodes.

Les *présages* étaient les signes à l'aide desquels on devinait l'avenir.

Les anciens croyaient que ces signes étaient dus à l'intervention des dieux.

Les Romains, les Grecs s'effrayaient de la rencontre fortuite de certaines personnes et de certains animaux.

Un Éthiopien, un eunuque, un nain, un homme contrefait qu'ils trouvaient en sortant de leur maison les y faisaient rentrer.

Si la rencontre de certains animaux ne présageait que des malheurs, il y en avait dont la rencontre était heureuse.

Si l'on faisait une chute imprévue, si l'on heurtait le pied contre le seuil de sa porte, en rentrant ou en sortant de chez soi, si l'on rompait les cordons de ses souliers, si en se levant de son siège, on se sentait retenu par son vêtement, tout cela était des signes de mauvais présages.

Parmi les peuples modernes, on rencontre bon nombre de gens qui croient encore aux présages.

On ne peut nier d'ailleurs que certains phénomènes aient été produits par des causes latentes et se rattachent à des événements qu'ils semblent annoncer.

On s'explique donc cette persistance qui se manifeste chez tous les peuples à croire aux présages.

Les hommes les plus éclairés se sont laissé impressionner par ces phénomènes.

Autrefois, l'empereur Jullien donnait autorité à tous les pronostics.

En France, le grand chirurgien Ambroise Paré crut aux présages.

Nul n'ignore que l'abbé Cazotte prédit la Révolution, et que Napoléon consultait non seulement la célèbre Mlle Lenormand, mais un diseur de bonne aventure, nommé Moreau.

Dans l'idée générale du mot « présages », on doit comprendre non seulement l'attention particulière que l'on donne aux mœurs des animaux, mais les observations que l'on fait sur certaines actions humaines, et sur les rencontres inopinées.

Cette science était aussi ancienne que l'idolâtrie.

Il ne suffisait pas d'observer les présages.

Il fallait les accepter lorsqu'ils paraissaient favorables, remercier les dieux qu'on croyait en être les auteurs et leur en demander le prompt accomplissement.

Au contraire, si les présages étaient fâcheux, il fallait en rejeter l'idée avec horreur et prier les dieux d'en détourner les effets lorsque ces présages s'étaient présentés fortuitement car, s'ils émanaient directement des dieux, il n'y avait pas d'autre parti à prendre que de se soumettre à leur volonté.

On distinguait deux sortes de présages :

Les *présages naturels ;*

Les *présages artificiels.*

Les *présages naturels* dépendaient de l'ordre établi dans la nature.

Ils comprenaient ceux que l'on tire des éléments, des plantes, des animaux pour prédire le beau ou le mauvais temps, l'abondance ou la disette, l'humidité ou la sécheresse.

Les *présages artificiels* dépendaient des hommes.

On s'en servait pour deviner les choses qui devaient arriver non pas forcément, mais volontairement; par exemple, ce qu'on devait faire ou ne pas faire, si l'on devait entreprendre un voyage ou ne pas l'entreprendre.

La religion catholique permit de croire aux présages naturels.

D'après saint Paul, Dieu peut quelquefois révéler aux hommes les choses à venir.

La religion catholique défendit de croire aux présages artificiels.

Ceux-ci dépendent en effet uniquement du hasard, bien que ceux qui croient fermement aux présages soient persuadés qu'il n'arrive rien ici-bas sans qu'on en soit prévenu.

Les médecins ne contestent pas que nous ne soyions avertis des maladies qui nous menacent par des symptômes. Les présages sont à l'âme ce que les symptômes sont au corps.

La principale des méthodes pour obtenir des présages consistait à interroger les animaux.

C'était par l'intermédiaire des animaux en effet que l'on supposait le plus souvent que les dieux faisaient leurs communications aux hommes.

La tradition n'a fait que nous transmettre d'âge en âge les prédictions faites par ces intermédiaires.

CHAPITRE II

LA CROYANCE AUX PRÉSAGES

Nul homme n'aurait osé, dans l'antiquité, entreprendre quoi que ce fût sans consulter les dieux.

Nos aïeux adoptèrent, eux aussi, la coutume de se conformer aux présages, et ils n'admettaient pas que l'on rangeât au nombre des fables les avertissements qui leur étaient ainsi donnés.

On sait qu'une colombe apporta le chrême dont fut sacré Clovis, et ce fut un présage heureux pour le règne de ce roi.

De nos jours, on croit encore, non seulement dans nos campagnes, mais à la ville, aux présages qu'annoncent certains animaux, et la conversation suivante, entre un bourgeois et sa domestique, est restée célèbre :

— Monsieur, prenez votre parapluie, il pleuvra aujourd'hui !

— Mais, il fait très beau, et le baromètre monte. Vous vous trompez.

— Que nenni ! depuis ce matin, mon chat ne cesse pas de passer sa patte sur ses oreilles !

A la campagne, certains maris soupçonnent la vertu de leurs femmes, si en traversant un bois, ils entendent un coucou qui chante, ou si dans un sentier ils aperçoivent un colimaçon qui montre ses cornes.

A la ville, ils redoutent un merle qui siffle dans un jardin. Victor Hugo a, dans un vers célèbre, signalé l'ironie du chant de cet oiseau.

LES PRÉSAGES ET L'ÉGLISE.

L'Église avait déclaré que « la divination, les augures, les présages n'étaient que des illusions, des mensonges et des vanités, et les évêques avaient ordonné aux curés d'annoncer à leurs paroissiens que « c'était un grand péché mortel que de consulter les devins et de croire aux présages ».

Les évêques avaient à diverses reprises prescrit dans les conciles « de châtier et d'exterminer tous ceux qui faisaient profession de deviner par l'air, par l'eau, par le feu, par les choses inanimées, par l'inspection des ongles et des linéaments du corps, par le sort, par les signes, par les présages des animaux et par les autres moyens que le démon emploie pour faire dire comme certaines des choses incertaines ».

Pendant plusieurs siècles, les prélats et les rois avaient traité aussi rigoureusement que les devins « ceux qui les consultaient ou qui conseillaient aux autres de les consulter ».

« Il y a de la vanité, disaient les Pères de l'Église, à consulter les augures pour en tirer de bons ou de mauvais présages.

« Il n'y en a pas moins à régler sa conduite sur les événements et les rencontres qui peuvent arriver dans la vie.

« On se rend coupable de ce péché lorsqu'une chose étant arrivée par hasard, on en tire des conjectures de bonheur ou de malheur, sur lesquelles on prend des mesures pour faire certaines actions ou ne pas les faire. »

Malgré ces interdictions successives, les hommes continuèrent à croire aux présages qui devaient, dans leur esprit, améliorer leur destinée, et leur apprendre des choses qu'ils ne pouvaient connaître par l'effort du raisonnement.

Chaque département, chaque ville, chaque village eut, à cet égard, ses croyances et ses traditions.

CHAPITRE III

L'EXPLICATION DES PRÉSAGES

Comment expliquer les présages?

Le premier germe qui engendra chacun d'eux, le premier fait sur lequel reposent ces croyances populaires que beaucoup de philosophes ont qualifié de superstitions, est, la plupart du temps, impossible à retrouver à travers les âges.

La vérité est que beaucoup de phénomènes qui, aujourd'hui, nous sont expliqués par la science, avaient, pour nos ancêtres, un caractère mystérieux. Ils en ignoraient la cause; et le peuple, aussi bien que les personnages les plus élevés, les attribuaient à des avertissements divins.

Le paganisme a survécu ainsi dans beaucoup de ces présages, et la crédulité publique est encore aujourd'hui la même qu'à Rome ou à Athènes.

C'est pourquoi on croit encore :

« Au bon et au mauvais œil, »

« A l'influence néfaste de certains chiffres. »

Tel le numéro 13. Certaines maisons qui portent ce numéro trouvent difficilement des locataires, et l'on signalait dernièrement que, dans plusieurs mairies parisiennes, très peu de mariages avaient lieu les 13 de chaque mois.

C'est ainsi également que bien des personnes refuseraient obstinément une invitation à un dîner, où il devrait y avoir treize convives à table.

Certaines pratiques, aux yeux de beaucoup de gens, ont le privilège de détruire les mauvais effets de plusieurs présages.

C'est ainsi qu'après un deuil, vous devez couvrir d'une étoffe noire les meubles de votre chambre à coucher afin d'éviter les malheurs qui pourraient vous frapper.

C'est ainsi qu'au lendemain de son mariage, une jeune mariée conjurera pour la vie le mauvais sort qui pourrait l'atteindre en couvrant de son jupon la tête de son mari.

C'est ainsi qu'en Bretagne, une croyance populaire veut qu'on chasse les *farfadets* (les bons ou mauvais esprits) en coupant les hautes fougères qui balancent leurs têtes sous le souffle du vent du soir.

Dans la même contrée, on affirme que lorsqu'une femme est accouchée d'un enfant mort, il ne faut pas la tirer de la chambre où elle est accouchée par la porte, mais bien par la fenêtre. Si on la tirait par la porte, elle accoucherait, à toutes ses couches à venir, d'enfants mort-nés.

Dans le Midi de la France, on prétend que si on rencontre quelqu'un en chemin qui vous demande où vous allez, on doit rentrer chez soi aussitôt, afin d'éviter qu'il ne vous arrive malheur.

DEUXIÈME PARTIE

LES PRÉSAGES
FOURNIS PAR LES ANIMAUX

CHAPITRE PREMIER

LES ANIMAUX

L'âne. — Le bœuf. — Le chat. — Le cheval. — Le chien. — Le crapaud. — L'éléphant. — Le lézard. — Le mouton et la brebis. — Le serpent. — La taupe. — La tortue.

La rencontre de certains animaux dans un chemin de la campagne ou dans une rue de la ville a été de tout temps un symbole pour les gens superstitieux.

La coutume avait d'ailleurs fixé elle-même la significa-tion de ces présages.

Rencontrer un serpent, apercevoir des sauterelles, faire fuir un lézard, une souris, une belette ou une araignée sont des présages néfastes pour les gens superstitieux.

La vue d'un serpent est le signe que vos ennemis vous guettent ;

Celle de sauterelles, que vous serez grugé par vos domestiques et exploité par vos amis ;

Celle d'un lézard, que vous êtes menacé d'une déception ;

Celle d'une souris, que vous serez exploité par l'un de vos parents ;

Celle d'une araignée, que l'on dresse contre vous une embûche ;

Celle d'une belette présage une trahison.

L'ÂNE

Est extrêmement voisin du cheval. Il s'en distingue par sa tête plus grosse, ses yeux moins saillants, ses oreilles plus longues, son poitrail moins large, son garrot moins élevé, sa queue dégarnie de crins. Il est humble, patient, tranquille, sobre.

L'âne, comme le cheval, est le fils de l'Arabie. De là, il s'est répandu sur toute la terre pour y être le plus patient et le plus dévoué des serviteurs de l'homme.

Mal nourri, mal logé, l'âne de nos contrées est l'animal le plus à plaindre.

Son nom paraît ignoble. Il est devenu celui de la stupidité et de la bêtise.

Un instituteur inflige à ses écoliers pour pénitence de porter un bonnet d'âne.

Or, l'âne n'est nullement bête.

Présages :

Si un âne se roule dans la poussière, cela indique le beau temps.

Si un âne marche de travers et dresse les oreilles, cela indique la pluie.

Si l'on voit un âne courir, c'est signe que l'affaire dont vous vous occupez vous échappera.

Si vous voyez un âne qu'on étrille, c'est signe que votre patience sera mise à l'épreuve.

LE BŒUF

Les Égyptiens adoraient le bœuf Apis. Le bœuf était chez tous les peuples agriculteurs placé sous la garde des lois et on voyait en lui une sorte d'incarnation d'une divinité suprême, bienfaitrice de l'humanité.

On a vénéré cet animal egalement en France et la cérémonie du bœuf gras était fort ancienne.

. Présage :

La vue d'un bœuf est un excellent présage. C'est un signe de fortune.

LE CHAT

Le chat domestique habite, avec le chien, la demeure de l'homme à qui il rend de grands services malgré son naturel hypocrite. Il défend les biens de l'homme contre les rats et les souris.

Présages :

Un chat cherche-t-il à vous griffer, c'est un présage de trahison.

Si vous tuez un chat, cela vous portera malheur, à vous ou à quelqu'un de votre maison.

Si vous rencontrez un chat, c'est signe que vous éveillerez une affaire qui est assoupie.

Un proverbe ne dit-il pas : *Éveiller le chat qui dort.*

LE CHEVAL

Le cheval est le compagnon de nos plaisirs et de nos fatigues.

Présages :

Si vous voyez tomber un cheval, c'est signe d'une mort prochaine dans votre famille.

*Si vous rencontrez sur une route un cheval pie, c'est
signe de chance au jeu.*

*Si vous rencontrez trottant un cheval alezan, c'est signe
que vous tomberez prochainement amour.ux, mais que cet
amour n'aura pas de durée.*

LE CHIEN

De tous les animaux domestiques, le chien a été à certaines époques le plus utile à l'homme. Il l'a aidé et
l'aide encore à triompher de ses ennemis naturels qui,
sans lui, l'eussent peut-être détruit sur la terre.

Les Égyptiens reconnaissaient en lui une bienfaisante
divinité.

Le chien a, de tout temps, inspiré de nombreux présages :

*Quand un chien noir entre dans une maison étrangère,
c'est un présage de mauvaise fortune.*

Un chien caniche est un présage de fidélité.

*Quand un chien en dormant tourne le nez du côté de la
porte de la chambre, c'est signe qu'il doit venir compagnie
au logis.*

*Quand on tue un chien, c'est un mauvais présage pour
celui qui le tue.*

Si un chien vomit dans la maison, c'est un mauvais présage.

*Quand un chien passe entre les jambes d'une femme, cela
présage qu'elle battra son mari.*

Un chien qui hurle annonce une mauvaise nouvelle.

*Si l'on rencontre un chien de Terre-Neuve, cela présage
un puissant secours.*

*Un chien qui vous flatte est le signe qu'on rencontrera
bientôt un ami dévoué.*

La rencontre d'une levrette ou d'un levrier présage qu'un ami est à la veille de se brouiller avec vous.

Si un chien s'arrête devant une église, c'est signe de mortalité.

LE CRAPAUD

Beaucoup de gens ont, à tort, horreur de la vue d'un crapaud. Il est faux, en effet, qu'il laisse un venin mortel aux plantes qu'il touche.

Présage :

Quand on aperçoit un crapaud, c'est signe de pluie.

La pluie fait en effet sortir les crapauds de leurs retraites. D'où la fausse croyance que les crapauds tombent en pluie.

L'ÉLÉPHANT

L'éléphant porte bonheur.

Rien de plus naturel qu'il influence d'une façon favorable notre corps et notre esprit, puisqu'il est un animal excessivement intelligent et que les animaux irradient sur nous leurs qualités.

C'est surtout lorsque l'éléphant a la trompe en bas qu'il est le plus susceptible de se montrer un fétiche heureux.

LE LÉZARD

Le lézard est, dit-on, l'ami de l'homme.
On l'a de tout temps considéré comme un fétiche.
Présage :

Si vous mettez dans votre soulier la queue d'un lézard, c'est signe que vous toucherez bientôt de l'argent.

LE MOUTON ET LA BREBIS

On dit d'une personne d'un caractère doux : « Elle est douce comme un mouton. »

Les moutons et les brebis sont d'un excellent rapport. On les élève pour leur chair et pour la laine qu'ils produisent.

En Afrique, les brebis étaient sacrées.

L'Évangile a consacré à la brebis sa plus touchante parabole.

Présages :

Rencontrer un troupeau de moutons est un signe de richesse et de succès.

Entendre des moutons bêler est un signe qu'on aura des amitiés fidèles.

Si l'on rencontre une brebis, cela est signe qu'on dînera sans boire.

On dit proverbialement, en effet, faire un repas de brebis.

LE SERPENT

Le serpent était dans l'antiquité le symbole de la science. On le considérait comme l'animal qui était le plus souvent en contact avec la terre, et comme l'interprète le plus écouté des dieux.

Rarement le serpent attaque l'homme. Il fuit toujours à son approche et se montre le plus timide des animaux. C'est à cause de cette timidité qu'on en a fait l'emblème de la prudence.

Il est aussi le symbole de l'éloquence, de l'hypocrisie, du mensonge et de l'envie. On dit d'un médisant : « C'est une langue de serpent »; et d'une personne ingrate et perfide : « Cet homme est un vrai serpent ! »

LA TAUPE

La taupe n'est pas un animal néfaste.

Au moyen âge, on faisait un talisman des pieds de la taupe, et l'on prétendait que si l'on plaçait l'un d'eux avec une feuille de laurier dans la bouche d'un cheval indompté, ce cheval devenait tout à coup d'une grande douceur.

LA TORTUE

La tortue est un genre de reptiles. Il en existe trois espèces.

Si l'on voit une tortue, cela présage qu'on atteindra sans se presser le but auquel on tend.

On dit, familièrement, marcher à pas de tortue.

LA VACHE

Les Hindous regardent comme un sacrilège de manger de la chair de vache. La vache est considérée par eux comme le symbole du monde ou principe femelle.

Le sacrifice d'une vache était, chez les Hébreux, un sacrifice solennel. On mettait les cendres de la victime dans une eau d'expiation destinée à purifier ceux qui seraient souillés.

En Égypte, la vache était consacrée à Isis.

De nos jours, on connaît le proverbe : « C'est une vache à lait ! » C'est une personne dont on tire un profit continuel.

Présages :

Rencontrer une vache grasse, c'est signe qu'on sera payé par ses débiteurs.

On dit en effet : « La vache a bon pis ». C'est une personne qui peut payer.

Rencontrer une vache maigre, c'est signe qu'on mangera de la vache enragée, qu'on souffrira d'une grande misère.

Les pauvres gens pressés par la faim ne craignent pas de manger des animaux morts de maladie.

CHAPITRE II

LES OISEAUX

L'Aigle. — L'Alouette. — L'Autruche. — La Chouette. — La Cigogne. — La Colombe. — Le Coq. — Le Corbeau. — La Corneille. — Le Coucou. — Le Cygne. — Le Dindon. — La Fauvette. — Le Hibou. — L'Orfraie. — La Perdrix. — Le Perroquet. — La Poule. — Le Poulet. — Le Rossignol. — Le Vautour.

L'observation des mœurs des oiseaux fut de tout temps considérée comme une science.

Cette observation a permis de prêter aux oiseaux une valeur prophétique certaine.

Les présages fournis par les oiseaux résultent non seulement de l'espèce du volatile, mais de son attitude quand on l'aperçoit.

Cache-t-il sa tête sous son aile? c'est un mauvais signe.

Vole-t-il rapidement? c'est un excellent présage, et ce présage sera surtout excellent si l'oiseau vole à droite.

La droite est toujours préférable à la gauche en matière de présages, parce que l'orient est à la droite du monde civilisé et que c'est de l'orient que vient la lumière, source de vie.

Un oiseau qui chante annonce un succès, une excellente nouvelle.

Des oiseaux qui s'envolent à votre approche vous prédisent que vos ennuis ne seront que passagers.

Pour que les présages annoncés par des oiseaux qui s'envolent soient complètement favorables, il faut que ces oiseaux aient les ailes déployées.

Si, au contraire, leurs battements d'ailes ne sont qu'irréguliers vous devrez vous montrer peu rassurés sur votre avenir.

Si vous rencontrez par hasard un oiseau blessé, c'est signe qu'une trahison vous menace.

∴

Nous allons passer successivement en revue par ordre alphabétique, les principaux oiseaux et citer les présages qui se rapportent à chacun d'eux.

Nous relaterons leurs qualités, leurs défauts et leurs mœurs. C'est la meilleure façon d'expliquer comment on leur a prêté la faculté de faire certaines prédictions plutôt que certaines autres.

L'AIGLE

Doués d'une vue perçante, les aigles plongent du haut des airs un regard assuré sur l'herbe de la plaine.

Ils y découvrent sans peine le lièvre timide qui broute heureux et tranquille, ou le paisible agneau, ou le reptile qui sommeille ; puis, on les voit tout à coup descendre avec la rapidité de l'éclair, saisir leur proie et la mettre en pièces.

L'aigle est sans conteste le plus puissant parmi les oiseaux de proie. Il se distingue des autres oiseaux par sa férocité et sa voracité.

Il fut salué roi dans l'antiquité et eut sa place dans le ciel. Il se trouva le commensal du maître des dieux, le gardien de la foudre et messager fidèle de Jupiter.

L'image de cet oiseau conduisit au combat les plus

vaillantes natures de l'antiquité et prit la première place sur les plus nobles écussons.

Apercevoir un aigle qui plane est un bon présage. Cela vous indique qu'un grand homme vous protège.

Voir un aigle voler annonce des triomphes.

Aussi, en 1804, lorsque Napoléon s'éleva à la dignité impériale, il voulut que le drapeau tricolore fût surmonté d'un aigle, et il plaça également cet oiseau dans ses armes.

L'aigle figure dans un grand nombre de blasons appartenant à des souverains ou à des maisons nobles ou princières.

L'ALOUETTE

Les alouettes se font remarquer par leur vol facile et soutenu, s'élevant au plus haut des airs.

Elles font entendre leur chant sonore à des hauteurs où l'œil peut à peine les distinguer.

Elles commencent à chanter dès la pointe du jour et donnent le signal du travail.

Présages :

Une alouette qui plane en chantant comme enivrée d'air pur, vous annonce que vous réussirez dans vos affaires et que vous aurez un bénéfice certain.

Au moyen âge, l'alouette était considérée comme un talisman. On portait sur soi des pieds d'alouette pour éviter les embuscades et les dangers.

L'AUTRUCHE

L'autruche est le géant des oiseaux. Sa hauteur atteint jusqu'à trois mètres et elle forme le passage entre la classe des quadrupèdes et celles des oiseaux. Elle est célèbre par sa gloutonnerie.

Sa chair est réputée immonde.

Présages :

Si l'on rencontre une autruche, c'est signe qu'on doit se défier de ceux qui vous entourent.

La vue d'une autruche est de mauvais augure. Elle annonce qu'on mourra d'une indigestion.

LA CHOUETTE

Les chouettes habitent les bois ou les masures aban-données.

On les regarde comme des oiseaux de mauvais augure, à cause de leurs cris monotones.

Dans les *Mystères de Paris*, le célèbre roman d'Eugène Sue, leur nom a été donné par l'auteur à un personnage, type de la laideur et de la méchanceté.

Présages :

La rencontre d'une chouette est signe d'ennuis d'argent.

Si la nuit, on entend crier une chouette, c'est signe de mort.

LA CIGOGNE

Cet oiseau migrateur annonce, comme l'hirondelle, le retour du printemps.

La tendresse de la cigogne pour ses petits qu'elle n'abandonne jamais est proverbiale.

Dans l'antiquité, les cigognes passaient pour connaître l'avenir.

On raconte qu'Attila, qui assiégeait depuis longtemps Aquilée défendue par les Romains, remarqua que les cigognes qui avaient leurs nids sur les toits des mai-sons avaient tout à coup quitté la ville, en emportant leurs petits.

— Ces oiseaux abandonnent la ville, dit Attila, parce qu'elle est sur le point de périr et que ses maisons sont vouées à une destruction prochaine.

Et immédiatement, il donna l'assaut et réduisit Aquilée.
Présages :

*Quand on aperçoit une cigogne, c'est un présage de
bonheur, de tranquillité et de paix.*

*Si une cigogne vient faire son nid sur le toit d'une mai-
son que vous habitez, c'est signe que la maison n'a rien à
redouter, notamment qu'elle est à l'abri d'un incendie.*

LA COLOMBE

La colombe a joué un grand rôle dans l'antiquité.

Vénus portait cet oiseau à la main, l'attachait à son
char, et on sait qu'elle en prit maintes fois la figure.

Quant à Jupiter, le roi des dieux fut nourri par des
colombes.

Présages :

*La colombe et le pigeon annoncent, s'ils s'envolent,
un chagrin d'amour.*

*Si la colombe et le pigeon roucoulent en votre présence,
ils présagent pour vous un amour tendre et une affection
partagée.*

LE COQ

Chacun connaît cet animal remarquable par la fierté,
la gravité, la majesté de sa démarche, son attachement
pour ses poules.

La voix du coq est forte. Il l'emploie sur le même ton
pour célébrer ses victoires et sa bonne fortune, ainsi que
pour annoncer chaque heure de la nuit et l'arrivée de
l'Aurore.

Le coq était un des insignes de la nation gauloise.

Présages :

*Si l'on rencontre un coq au moment où il chante, c'est
un présage de victoire certaine.*

Si l'on entend chanter un coq le jour où l'on se marie,
c'est un présage de querelles dans le ménage.

La manière dont les augures rendaient, à Rome, les
oracles des coqs est assez curieuse pour mériter d'être
relatée.

Après avoir fait un cercle, ils plaçaient autour les lettres
de l'alphabet.

Sur chacune d'elles, ils disposaient des grains de blé,
que le coq venait picoter.

Le volatile indiquait ainsi, tour à tour, chacune des
lettres qui composaient les mots dont devait être formé
l'oracle.

De nos jours, ceux qui interrogent les tables tournantes
ont supprimé le coq et le blé.

La table indique par un certain nombre de coups
les lettres des mots dont se composera la réponse de
« l'esprit frappeur ».

Un coup indique la lettre A ; deux coups indiquent la
lettre B, et ainsi de suite.

LE CORBEAU

Le corbeau était consacré à Apollon. La fable dit que
cet oiseau devint noir pour avoir trop parlé, et que ce fut
une vengeance d'Apollon.

Le Dieu, sur le rapport que lui fit le corbeau de l'infi-
délité de Coronis, tua sa maîtresse, et punit l'oiseau déla-
teur en le privant de sa blancheur.

La couleur du corbeau, son croassement lugubre, son
odeur fétide l'ont fait regarder comme un oiseau de
mauvais augure.

On lui a attribué le don de présager l'avenir, mais
surtout les événements sinistres.

Les Romains prétendaient que le corbeau avait soixante-
quatre façons différentes de crier.

Au moyen age, on envoyait les gens « aux corbeaux ». Cette locution avait la même signification que celle d'aujourd'hui, quand on envoie quelqu'un « au diable ».

Présages :

Un corbeau qui vole sur une maison habitée est signe que quelqu'un y mourra dans l'année.

Si vous voyez un corbeau voler à votre gauche, c'est signe de malheur et de tristesse.

LA CORNEILLE

La corneille est un oiseau de passage qui se répand, en France, au commencement de la mauvaise saison, et qui nous quitte au printemps.

La corneille, contrairement au corbeau qui est carnivore, fait sa nourriture de vers, de larves, et d'insectes généralement nuisibles.

A ce titre, la corneille est rangée parmi les oiseaux utiles à l'homme.

Présages :

La rencontre d'une corneille qui vole à peu de distance, est un signe certain de réussite et de bonheur.

Quand on voit s'enfuir des corneilles à tire d'aile, c'est signe que l'hiver est terminé.

Si une corneille fait son nid sous le pignon de votre maison, c'est signe que vous toucherez très prochainement une somme d'argent.

LE COUCOU

Les coucous sont des oiseaux migrateurs. Ils arrivent au commencement du mois d'avril, et nous quittent en octobre.

Ils habitent les bois, se nourrissent d'insectes, principalement de chenilles.

Les femelles pondent dans les nids d'autres oiseaux. Elles abandonnent à ces oiseaux le soin de couver leurs œufs et d'élever leurs petits.

Présages :

Quand un mari entend chanter un coucou, c'est signe que sa femme le trompe.

Si, quand on entend chanter un coucou, pour la première fois, on ramasse promptement quelque chose qui se trouve par hasard sous vos pieds, c'est signe de bonheur.

LE CYGNE

Le cygne est un des plus grands oiseaux d'eau. Aucune espèce ne possède autant d'élégance dans les formes et de noblesse dans le port et les attitudes.

Les cygnes se tiennent sur les fleuves, les lacs et les étangs. Ils nagent si vite qu'un homme sur la rive a de la peine à les suivre.

La fable grecque prétend que Jupiter revêtit la forme brillante d'un cygne pour séduire la mortelle Léda.

Présages :

Si l'on rencontre un cygne blanc, le long d'un lac, c'est le présage que la fortune vous sera favorable.

Si vous voyez nager au-devant de vous un cygne blanc, sur un lac ou sur une rivière, c'est un présage certain de bonne santé et de succès dans vos entreprises.

Si le cygne que vous voyez nager est un cygne noir, cela vous présage de nombreuses tristesses et déceptions.

LE DINDON

Le dindon est un de nos plus succulents volatiles.

Un proverbe dit : « Bête comme un dindon ».

A ce propos, on raconte un mot de M. de Talleyrand:

— Pourriez-vous me dire quel est le plus reconnaissant des animaux ? demandait le célèbre homme d'État au naturaliste Cuvier.

— Non.

— Mais, ce sont les dindons. Autrefois, ils furent introduits en France par les Jésuites, et aujourd'hui, ce sont les dindons qui ramènent en France les Jésuites !

M. de Talleyrand appelait Dindons les hommes politiques qui venaient de voter la rentrée en France du célèbre ordre de frères prêcheurs.

Présage :

Rencontrer un dindon est signe qu'on recevra bientôt la visite d'un imbécile.

LA FAUVETTE

Les fauvettes sont des oiseaux chanteurs de la même famille que les rouges-gorges et les rossignols.

Ces oiseaux nous quittent l'hiver dès que les arbres sont dépouillés de leurs feuilles et que les insectes dont ils se nourrissent sont morts ou engourdis.

Ils reparaissent avec le printemps, et se fixent généralement dans les bosquets des jardins.

Présages :

Quand on entend une fauvette ou un rossignol chanter, c'est signe d'un bonheur prochain.

Si l'on aperçoit une fauvette sautiller dans un buisson, c'est signe que l'on aura bientôt au cœur un amour de nature à vous faire légèrement souffrir.

LE HIBOU

Les hiboux se nourrissent de souris comme les chats et poussent pendant la nuit un cri lugubre. D'où le nom de chats-huants qu'on leur donne également.

Le hibou était chez les Romains un oiseau de mauvais augure.

On le considère encore actuellement comme un oiseau fatidique.

L'apparition d'un hibou est un présage de stérilité.

L'HIRONDELLE

Oiseaux cosmopolites. L'hirondelle qui nous quitte en septembre revient toujours vers la mi-avril au nid qu'elle s'est bâti. Essentiellement insectivore, elle fait sa nourriture de cousins, de mouches.

Les hirondelles ont de tout temps été regardées comme des oiseaux favorables. Elles font leurs nids près de nos habitations, comme si leur mission était de nous protéger contre les dangers.

Présages :

Si l'hirondelle se cache la tête au moment où vous l'apercevez, vous aurez des ennuis.

Si elle s'enfuit, elle annonce un chagrin.

Si elle a construit son nid sous le toit de votre maison, c'est un présage de bonheur pour vous et les vôtres.

LE MERLE

Le merle a un chant éclatant qui n'est guère supportable que dans les bois. Il commence à le faire entendre dès les premiers beaux jours, et le continue bien avant dans la belle saison.

La rencontre d'un merle vous annonce la visite d'un ami moqueur.

LE MOINEAU

Les moineaux sont des hôtes importuns et incommodes,

d'impudents parasites qui, malgré nous, pillent nos grains, nos fruits, et partagent notre domicile.

Présage :

La rencontre d'un moineau vous annonce la visite d'un ami importun, généralement d'un parasite.

LA MOUETTE

Les mouettes sont des oiseaux palmipèdes.

Les mouettes sont excellents voiliers.

On les rencontre quelquefois à plus de 400 kilomètres des côtes.

Présage :

La rencontre de mouettes présage un voyage.

L'ORFRAIE

L'orfraie est une espèce d'aigle qui casse avec son bec les os des animaux dont il fait sa proie. La barbe de plumes qui pend sous son menton l'a fait surnommer aigle barbu.

Présage :

Le cri d'une orfraie qui vole sur votre tête est signe de mort.

LA PERDRIX

Les perdrix ont le bec assez court, un peu voûté, des ailes courtes ne permettant qu'un vol saccadé et bruyant. Elles vivent en petites familles dans les champs, ne perchent pas, nichent à terre dans les sillons.

La perdrix est chère aux gourmets.

Présage :

Apercevoir des perdrix qui volètent dans un champ présage un bon repas.

LE PERROQUET

On rencontre les perroquets exclusivement dans les

pays chauds, où ils vivent en troupes plus ou moins nombreuses.

Le perroquet est un des oiseaux que l'on tient en domesticité, à cause de la beauté de son plumage et de la faculté qu'il possède d'imiter la voix humaine.

On dit parler comme un perroquet, parler en l'air sans comprendre ce qu'on dit, ou en répétant les avis des autres.

Présages :

La vue d'un perroquet annonce la visite d'un insupportable bavard.

Quand on voit un perroquet au moment où il déploie ses ailes, c'est que la calomnie vous menace, et que vous risquez d'être « terrassé par cette arme redoutable ».

LA POULE

Présages :

Quand les poules rentrent au poulailler dans la journée, c'est signe de pluie.

Voir une poule au moment où elle pond, c'est signe de gain.

LE POULET

On nomme poulet le jeune coq lorsque le duvet a été remplacé par les plumes. Après six semaines, il prend le nom de chapon ou de poularde si on lui enlève la faculté de se reproduire, et celui de coq ou de poule si on la lui laisse.

Les Romains élevaient des poulets pour en tirer les augures. C'étaient les poulets sacrés. S'ils refusaient de manger, l'augure était funeste. Dans le cas contraire, il était favorable en proportion de l'avidité avec laquelle ils achevaient leurs repas.

Présages :

Rencontrer un poulet gras annonce la réussite.

Rencontrer un poulet maigre présage la médiocrité.

LE ROSSIGNOL

Les rossignols nous quittent en automne et vont passer la mauvaise saison en Afrique. De tous les oiseaux, c'est le rossignol qui a le chant le plus harmonieux et le plus varié.

Présage :

Un rossignol qu'on entend chanter prédit le bonheur.

LE SERIN

Présage :

Voir un serin en cage, annonce la venue d'un bavard.

LE VAUTOUR

Oiseau de proie diurne. Les espèces qu'on rencontre en France habitent, la belle saison, les Pyrénées et les Alpes.

Présages :

Voir un vautour est un mauvais présage et le signe d'un malheur de famille.

Voir deux vautours est l'annonce d'une mort dans les deux jours.

CHAPITRE III

LES POISSONS

Le Brochet. — La Crevette. — L'Écrevisse. — Le Homard. — La Limande. — Le Maquereau. — La Sardine. — La Sole.

Dans l'antiquité, on pratiquait la divination par les poissons.

Il existait des temples où on nourrissait les poissons sacrés, c'est-à-dire ceux par l'intermédiaire desquels les dieux communiquaient aux hommes leurs avertissements.

De nos jours, certains croient que si en se promenant, ils *aperçoivent des poissons qui s'ébattent dans un clair ruisseau, c'est un présage de chance.*

Si vous mangez du brochet, c'est signe que vous devez redouter un ennemi.

Le brochet dévaste nos rivières.

Si vous mangez une sole, c'est signe que quelqu'un se mettra à plat-ventre devant vous.

La sole est un poisson plat, comme la limande.

Si vous mangez une limande, c'est signe que vous recevrez la visite d'une femme peu intelligente.

La limande s'enfouit dans le sable, et s'y croit à tort en sécurité.

Voir un homard ou une écrevisse cuite est un mauvais présage.

Si vous mangez des crevettes c'est signe que vous serez invité à des parties fines.

Rien de plus délicat, de plus fin, en effet, qu'une crevette rose.

Si vous mangez des sardines, c'est un signe certain que vous engraisserez.

A cause probablement de l'huile dans laquelle les sardines sont conservées.

Si vous mangez du maquereau, c'est signe que vous recevrez la visite de quelqu'un dont vous devez vous méfier.

CHAPITRE IV

LES INSECTES

Les Abeilles. — Les Araignées. — Les Mouches. — Les Moustiques.
Les Puces.

Depuis longtemps, les insectes jouent un rôle important dans la nomenclature des présages.

LES ABEILLES

On connaît plus de 70 espèces d'abeilles.

Elles sont l'emblème de la sagesse, de l'ordre et du travail.

Elles figurent dans les armoiries et les devises. Le manteau de Napoléon était parsemé d'abeilles.

Présages :

Si vous êtes piqué par des abeilles, cela vous annonce une brouille.

Si l'on tue des abeilles, c'est signe qu'on éprouvera des pertes d'argent.

LES ARAIGNÉES

L'araignée a toujours inspiré de la répugnance.

Présages :

Araignée du matin, chagrin.

Araignée du soir, espoir.

Si vous voyez une araignée tisser sa toile, c'est signe qu'on dresse des embûches contre vous.

LES MOUCHES

Si des mouches s'approchent d'une femme à la veille de devenir mère, c'est signe que cette femme mettra au monde une fille.

Les mouches présagent des ennuis.

LES MOUSTIQUES

Le mot « moustique » veut dire petite mouche. Les moustiques ou cousins pullulent dans les contrées humides et chaudes.

Présage :

Si l'on est piqué par des moustiques, c'est signe qu'on éprouvera des tracas.

LES PUCES

Les puces vivent aux dépens de l'homme et des animaux domestiques. Elles sont adorées par certains peuples de l'Inde.

Présage :

Si plusieurs puces vous piquent à la fois, c'est signe que vous secouerez les puces à quelqu'un.

Secouer les puces à quelqu'un, c'est le traiter rudement.

Si l'on est piqué par des puces, c'est signe qu'on éprouvera des piqûres d'amour-propre.

TROISIÈME PARTIE

LES PRÉSAGES FOURNIS PAR LES ÉLÉMENTS ET LES PRÉSAGES CÉLESTES

CHAPITRE PREMIER

LES ÉLÉMENTS

L'eau. — Le feu.

Les anciens croyaient aux présages fournis par les éléments : l'eau et le feu.

Plusieurs de ces superstitions sont parvenues jusqu'à nous.

L'EAU

La divination par l'eau était pratiquée à Rome et en Grèce.

On y observait les reflets des rayons du soleil, et on tirait des présages, selon que ces rayons étaient plus ou moins brillants.

Certains augures jetaient dans l'eau des pierres et pronostiquaient d'après leurs ricochets.

D'autres examinaient les fontaines, les images que pouvait refléter un vase plein de liquide.

Les nymphes, dans les grottes, prophétisaient l'avenir.

Certains augures se prononçaient suivant que l'eau était plus ou moins rapide à se dégager d'un mélange d'eau et d'huile qu'ils avaient préparé.

Présages :

L'eau claire présage le bonheur.

L'eau trouble indique un chagrin qui vous menace.

L'eau qui bout annonce un bonheur sur lequel on ne peut plus compter.

LE FEU

Les anciens avaient fait du feu le symbole d'une divinité, et ils tiraient des présages non seulement de la façon dont brûlaient les matières qu'ils jetaient, mais de l'aspect, de la couleur, de la direction, de l'éclat de la flamme.

Quand ces matières étaient courbées par l'excès du calorique, cela présageait de grandes difficultés.

Si elles étaient secouées par saccades, cela signifiait un désastre.

Si au contraire, ces matières se relevaient brusquement, cela indiquait la réussite.

On examinait surtout comment se comportait devant un feu ardent la vésicule du foie d'un animal.

De nos jours, on croit encore *qu'un feu brillant est un signe de réjouissances prochaines.*

Un feu qui refuse de brûler est signe de malheur.

Un feu qui s'éteint est signe de tristesse.

Un charbon rougi qui saute hors d'une cheminée est un mauvais présage.

Il faut se garder, si l'on veut éviter un malheur, de jeter au feu des cheveux.

La fumée est aussi un signe de présages :

La fumée qui ne s'élève pas dans l'air indique une pluie prochaine.

Voir de la fumée présage une mauvaise affaire.

Les cendres du feu ont aussi donné lieu à divers présages :

Quand on met de côté les cendres du feu, on se prépare un gain sûr.

Quand le bois qui est dans le feu tombe et se dérange, c'est signe que quelqu'un doit venir vous visiter.

Il en est de même quand la chandelle allumée lance quelques étincelles.

CHAPITRE II

LES PRÉSAGES CÉLESTES

La pluie. — Les orages. — Le vent. — La foudre.
Les nuages. — La lune. — Le soleil. — Les étoiles.

Les anciens croyaient aux présages qui leur étaient fournis par la pluie, par les orages, par le vent, par la foudre.

Ils croyaient aussi aux influences planétaires, aux influences des étoiles.

LA PLUIE

Les augures examinaient la façon plus ou moins rapide dont la pluie tombait.

Ils se rendaient compte si elle tombait de gauche à droite, ou de droite à gauche; si elle était tiède, froide ou glacée.

Si elle était dirigée de gauche à droite, c'était un mauvais présage.

De droite à gauche, elle annonçait des choses heureuses.

Si elle était tiède, c'était signe de prospérité; froide ou glacée, cela présageait de l'adversité.

De nos jours, la pluie inspire encore de nombreux présages :

S'il pleut longtemps, cela signifie ennui et chagrin.

Quand il pleut à la Saint-Médard, il pleuvra quarante jours plus tard.

Quand il pleut à la Saint-Gervais, il pleuvra quarante jours après.

LES ORAGES

Les orages, selon les augures, étaient provoqués par la colère des dieux, et ils étaient encore plus redoutables le jour que la nuit.

Bien que cette pratique attire plutôt le tonnerre, on sonne actuellement encore les cloches, dans certains villages, pour conjurer les orages.

Présages :

Un bel arc-en-ciel indique que les ennuis dont vous êtes accablés sont sur le point de finir.

Un arc-en-ciel mal formé est un mauvais présage et indique qu'une maladie vous menace.

LE VENT

On a toujours regardé le bruit du vent comme un signe de tristesse, particulièrement la nuit.

Aujourd'hui encore, la « plainte du vent » est considérée comme prophétique, principalement dans le Midi de la France.

Présage :

Quand on entend le vent qui se plaint et se lamente, c'est signe de mort.

LES NUAGES

On sait que les nuages sont des vapeurs d'eau suspendues dans l'atmosphère. Elles s'y soutiennent parce qu'elles sont en équilibre avec le poids de la colonne d'air située en dessous d'elles.

De tout temps, l'examen des « nuées » a servi à prédire le beau ou le mauvais temps.

Les prévisions atmosphériques sont encore aujourd'hui déterminées souvent par l'examen des nuages.

Présages :

Si l'on aperçoit tout à coup un nuage noir dans le ciel, c'est signe de tempête prochaine.

Signe de vent si, au coucher du soleil, des nuages rouges apparaissent à l'horizon.

Si vous apercevez des nuages ténus et légers qui flottent au gré des vents, cela présage des difficultés qui répandront l'incertitude dans votre esprit.

LA FOUDRE

La foudre était, au temps du paganisme, un dard enflammé que Jupiter lançait sur les méchants et les impies.

Actuellement, l'électricité atmosphérique qui s'élance de la nuée pour aller frapper un point de la terre, déchirer, enflammer ou pulvériser les corps, est, à juste titre, extrêmement redoutée ; mais, tout le monde considère ce phénomène comme étant aussi naturel que la pluie ou que le vent.

Présages :

Quand on entend gronder la foudre au loin, c'est signe d'un événement imprévu.

Quand on entend gronder le foudre très près de soi, c'est signe qu'on a un accident terrible à redouter.

S'il tonne le dimanche, c'est signe qu'il mourra quelqu'un dans la paroisse, dans la semaine même.

Pour se préserver de la foudre, les anciens so couchaient à terre.

Aujourd'hui, les catholiques font un signe de croix.

En réalité, Francklin, en inventant le paratonnerre, a donné aux hommes le meilleur des préservatifs contre la foudre et ses effets.

LES PLANÈTES

Les planètes sont des corps célestes qui tournent autour du soleil et qui ne luisent qu'en réfléchissant sa lumière.

La théorie des influences planétaires remonte à la plus haute antiquité et les Chaldéens paraissent en avoir été les inventeurs.

Les sept grandes planètes sont le Soleil, la Lune, Mercure, Vénus, Mars, Jupiter et Saturne.

LE SOLEIL

Cette planète exerce son influence sur le dimanche et est propice aux affaires importantes.

Le soleil, que les anciens adoraient comme une divinité, a donné lieu chez les modernes à une foule de présages.

Si un enfant est né le dimanche, c'est signe qu'il sera un savant.

Voir lever le soleil annonce une grande joie.

Si le soleil est couvert quand vous l'apercevrez, vous n'aurez dans la journée que très peu de chance.

Un soleil éclatant présage une victoire.
Le soleil d'Austerlitz est proverbial.

Une éclipse de soleil est le présage d'une amitié perdue.

LA LUNE

Dans l'antiquité, Hippocrate, le plus grand médecin de son temps, consultait la Lune pour soigner ses malades.

Horace, Virgile, Pétrone, tous les poètes croyaient à son influence.

En France, Richelieu et Mazarin lui demandèrent des horoscopes, et on chantait naguère encore dans le peuple la chanson de *Mon ami Pierrot* qui demandait à la lune de lui prêter un peu de son influence (surtout de sa clarté) pour écrire un mot.

Cette planète domine le lundi et favorise le commerce.

Présages :

Quand on voit la lune voilée, c'est signe qu'un malheur vous menace;

Quand on voit la lune pleine, on est certain de réussir dans ses affaires et de gagner de l'argent.

Combien de gens n'entament une affaire que le jour de la pleine lune !

Si vous voyez un croissant de la lune, c'est signe que vous serez trompé par votre femme.

MERCURE

C'est la planète la plus rapprochée du soleil, celle qui fait son évolution autour de lui en moins de temps.

Mercure inspire le renard et domine chez l'homme les poumons et les nerfs.

Le mercredi est influencé par cette planète défavorable aux armes.

Présages :

Si l'on entreprend une affaire, un commerce le mercredi, c'est signe que l'on réussira.

Si un enfant est né le mercredi, c'est signe qu'il deviendra plus tard un homme intelligent et aura toutes les chances de prospérité.

MARS

Mars est la quatrième planète dans l'ordre des distances au soleil. Elle est la moins brillante. Sa lumière rougeâtre et toujours trouble indique l'existence d'une atmosphère.

Mars, dans le système des anciens, influençait, chez l'homme, les muscles et la croissance, dominait le cheval et le loup.

C'était une planète de mauvais présage et le mardi était le jour qu'elle dominait.

Présages :

Si un enfant est né en mars, c'est signe qu'il aura dans la vie de l'entêtement.

JUPITER

Jupiter est la plus grosse des planètes. On suppose qu'elle est entourée d'une atmosphère profonde frappée d'une continuelle agitation par des vents sans cesse déchaînés.

Les anciens croyaient que cette planète influençait certains animaux tels que l'éléphant et l'hirondelle ; les yeux et le teint de l'homme ; parmi les jours, le jeudi.

Présage :

Un enfant né un jeudi sera dans la vie d'un naturel religieux, et disposé à l'étude.

VÉNUS

Cette planète est située entre la Terre et le Soleil. Lorsqu'elle précède le Soleil, c'est-à-dire lorsqu'elle va en s'en éloignant, on l'appelle *l'étoile du matin;* lorsqu'elle suit le soleil, et se couche après lui, on l'appelle l'*étoile du soir*.

Comme la lune, Vénus a des phases qu'on peut apercevoir avec le télescope.

Cette planète inspirait, selon les anciens, le cygne, le taureau. Elle dominait le vendredi et était favorable au mariage.

Présages :

Si un enfant est né le vendredi, c'est signe que, dans la vie, il sera doué d'un tempérament amoureux.

Si un enfant est né le vendredi, c'est signe qu'il aura plus tard tous les attributs de la beauté. Il sera doué pour la Musique.

SATURNE

Saturne paraît être une étoile nébuleuse, d'une lumière terne et plombée.

Comme son mouvement est fort lent, Saturne se distingue à peine d'une étoile fixe.

Cette planète reçoit du soleil cent fois moins de lumière que la terre.

Elle inspirait, selon les anciens, l'ours et le serpent ; présidait chez l'homme au tempérament nerveux, dominait le samedi :

Présage :

Si un enfant est né un samedi, c'est signe qu'il sera nerveux, de petite taille, et d'une extrême maigreur.

Si on part en voyage le samedi, c'est signe que le voyage aura lieu dans de bonnes conditions.

ÉTOILES

Les anciens croyaient à l'influence des planètes sur le

tempérament de l'homme. Ils croyaient à l'influence des étoiles sur sa destinée.

On dit encore couramment en parlant d'un homme heureux :

— Il est né sous une bonne étoile !

Napoléon affirmait souvent qu'il croyait « à son étoile ».

Présages :

Si l'on aperçoit dans le ciel des étoiles filantes, c'est le signe que l'un de vos amis vous trahira.

Si le soir, en se promenant, on aperçoit des étoiles très claires, c'est le signe que l'on réussira dans ses affaires et que l'on aura une brillante destinée.

Si l'on aperçoit des étoiles très nombreuses au ciel, c'est signe que les morts se réjouissent.

Une croyance populaire veut que les étoiles soient « les âmes des morts ».

QUATRIÈME PARTIE

LES PRÉSAGES FOURNIS PAR LES CHOSES INANIMÉES
LES PRÉSAGES FORTUITS

CHAPITRE PREMIER

LES PRÉSAGES FOURNIS PAR LES CHOSES INANIMÉES

Les Arbres. — Les Fleurs. — Les Fruits. — Les OEufs.

Les anciens croyaient aux présages fournis par les choses inanimées.

Ces croyances ont survécu jusqu'à nous.

LES ARBRES

Les anciens attribuaient aux arbres des vertus prophétiques.

Il y avait des arbres heureux ou malheureux, favorables ou défavorables, les chênes parlants, les lauriers fatidiques, les palmiers sous lesquels on prophétisait.

4

De nos jours, on croit encore que les *craquements du bois de certains meubles sont un mauvais présage.*

Si l'on rencontre sur son chemin un arbre abattu, c'est le présage de la mort d'un parent.

Si l'on tombe d'un arbre, c'est signe qu'on a un accident à redouter.

LES FLEURS

Les présages fournis par les fleurs sont assez nombreux :

Un parterre de fleurs indique que votre plaisir ne durera qu'un moment.

Recevoir des roses est un présage de bonheur et le signe qu'on brillera dans le monde.

Le myosotis présage une amitié dévouée.

Le réséda annonce un prochain mariage.

Le lys, emblème de la pureté, est le signe d'une joie sans mélange et d'une amitié pure.

L'iris promet une visite agréable.

Le muguet est le présage d'un bonheur passager.

LES FRUITS

De tout temps, on a attribué à certains fruits la faculté de présager certains événements :

Abricot.

Si l'on mange des abricots, c'est signe que l'on souffrira de la gourmandise.

Amande amère.

Des amandes amères font présager une mauvaise nouvelle.

Ananas.

Quand on voit des ananas sur une table, cela annonce l'arrivée prochaine d'un étranger.

L'ananas est un fruit importé de l'étranger.

Fraise.

Si l'on mange avec appétit une quantité de fraises, c'est signe qu'on recevra bientôt une déclaration d'amour.

Ne pas oublier qu'une chanson célèbre naguère préconisait pour les amoureux le plaisir de « cueillir la fraise ».

Noix.

Voir sur une table des noix dans une assiette est le signe d'une partie de plaisir prochaine.

Parce que, sans doute, on se promet de manger toutes ces noix.

Pomme.

Manger des pommes crues est le signe que vous devez redouter que votre vertu ne chancelle.

Ce présage a évidemment pour origine le souvenir d'Eve, que le serpent tenta en lui offrant une pomme qui devait lui donner la science du bien et du mal.

LES ŒUFS

La façon dont les œufs cuisaient devant le feu a été longtemps un sujet d'examen et a servi à deviner l'avenir.

Si un œuf éclatait, c'était le présage d'un danger.

Actuellement, on dit que *casser des œufs présage une dispute.*

Si après avoir mangé un œuf à la coque, on oublie de casser la coquille en morceaux, on est menacé de malheur.

Casser un œuf gâté est signe de mauvaise chance.

CHAPITRE II

LES PRÉSAGES FORTUITS

Les paroles. — Les tressaillements. — Les éternuements.

Les présages fortuits n'avaient de valeur chez les anciens que si on les acceptait sans les discuter.

LES PAROLES

On les appelait des « voix divines » lorsqu'on en ignorait l'auteur. Telle fut la voix qui avertit les Romains de l'approche des Gaulois.

Ces paroles étaient des « voix humaines » quand on en connaissait les auteurs. Avant de commencer une entreprise, on sortait de sa maison pour recueillir les paroles de la première personne que l'on rencontrait, ou bien on envoyait un esclave écouter ce qui se disait dans la rue.

Sur des mots proférés à l'aventure et que les Romains appliquaient à leurs destins, ils prenaient quelquefois des résolutions importantes.

De nos jours, une exclamation entendue par hasard peut encore devenir pour celui qui l'entend un présage ou un avertissement.

Beaucoup croient encore également aux « voix surnaturelles ».

LES TRESSAILLEMENTS

Les tressaillements de quelques parties du corps, principalement des yeux, les palpitations du cœur passent encore aujourd'hui pour de « mauvais signes ».

Présages :

L'engourdissement du petit doigt ne signifie rien de favorable.

Le tressaillement de l'œil droit, le tressaillement des sourcils sont des signes heureux, tandis que le tressaillement de l'œil gauche est un mauvais présage.

LES ÉTERNUEMENTS

Ce présage était équivoque, ou bon ou mauvais, selon les circonstances. C'est pourquoi l'on saluait la personne qui éternuait et l'on faisait des souhaits pour sa conservation.

On espérait ainsi détourner ce qu'il pouvait y avoir de fâcheux dans la prédiction.

Présages :

Depuis minuit jusqu'à midi, les éternuements sont réputés mauvais. Ils sont meilleurs le reste du jour.

Les éternuements qui viennent de la narine droite sont plus estimés et considérés comme de bons présages.

Les éternuements sont favorables à l'amour de quelque côté qu'ils viennent.

En médecine, un éternuement est considéré comme un signe favorable, quand il survient au déclin d'une maladie aiguë.

Molière, le grand auteur comique, croit que l'homme doit se marier

> Pour avoir près de lui quelqu'un qui le salue :
> D'un Dieu vous soit en aide ! alors qu'il éternue.

CINQUIÈME PARTIE

DIVERS PRÉSAGES DE BONNE ET DE MAUVAISE FORTUNE

CHAPITRE PREMIER

PRÉSAGES DE BONNE FORTUNE

Les *présages* suivants sont de bon augure :

Quand en sortant de chez soi, le premier pas qu'on fait est du pied droit ;

Quand les roses de Jéricho que l'on fait venir des Indes s'ouvriront dans l'eau où on les mettra ;

Si ce sont des femmes enceintes qui ont mis ces roses dans l'eau, ces femmes auront un heureux accouchement.

Quand l'oreille gauche vous tintera : Ce seront alors des amis qui vous parleront ou qui diront du bien de vous.

Quand on verra une araignée qui filera de haut en bas,

ce sera signe qu'il vous viendra de l'argent de quelque manière que ce soit.

Quand vous couperez des têtes de chardons, que vous donnerez à chacune le nom d'un de vos amis, et que vous les mettrez sous le chevet de votre lit, si l'un des chardons pousse de nouvelles pointes, cela indiquera la personne qui aura pour vous le plus d'amitié.

Il vous arrivera du bonheur :

Si vous rencontrez une femme ou une fille tête nue ;

Si vous rencontrez une chèvre ou un crapaud ;

Si vous rencontrez sur une route des moutons qui viennent au-devant de vous ;

Si vous avez de la corde de pendu dans votre poche ;

Si une corde de votre piano se rompt accidentellement ;

Si vous voulez savoir si un malade mourra de la maladie dont il souffre, il n'y a qu'à lui mettre du sel dans la main. Si le sel ne fond pas, c'est le signe que le malade ne mourra pas ;

Si l'on prend douze grains de blé, après avoir donné à chacun le nom des douze mois de l'année, et que l'on mette ces grains l'un après l'autre sur une pelle à feu un peu chaude, ceux qui sauteront hors de la pelle indiqueront le mois où l'on sera heureux.

Si l'on mange du coq le jeudi saint, en mémoire de celui qui ayant chanté trois fois, fit souvenir saint Pierre de son péché, c'est présage de fidélité de la part d'un ami.

Si l'on donne du feu à son voisin, c'est signe qu'on lui donne du bonheur.

Si l'on crache à terre, avant de jouer aux cartes, c'est signe que l'on gagnera la partie.

Si vous apercevez un aéroplane, c'est signe de succès.

Si l'on brise les coques des œufs que l'on vient de manger, c'est le signe que vos ennemis seront ainsi brisés.

Si l'on crache trois fois sur les cheveux qu'on s'arrache en se peignant, c'est signe qu'on évitera des malheurs.

Si l'on trouve sur le sol une courroie ou un couteau, c'est le présage qu'on dormira sans cauchemar.

Si l'on entend sonner les cloches, c'est signe qu'on recevra une bonne nouvelle.

Si on ne sort pas de chez soi la veille d'un voyage que l'on doit faire, c'est signe que ce voyage sera heureux.

Si on ne mange jamais de têtes d'animaux, c'est signe qu'on n'aura jamais mal à la tête.

Un pauvre qui passe et à qui on donne un morceau de pain, est le signe qu'on retrouvera une chose perdue.

Si l'on trouve un trèfle à quatre feuilles, c'est un signe de bonheur.

Si l'on parle de ses pigeons à table, c'est signe de bonne chance.

Si on met du fer entre ses dents, c'est signe qu'on sera guéri du mal de dents.

Si une puce vous pique la main, cela présage une bonne nouvelle.

Si on presse des pépins de poires ou de pommes entre ses doigts, et que plusieurs d'entre eux sautent sur le parquet, c'est signe qu'une femme vous aime,

Si l'on reçoit dans la monnaie un sou percé, c'est signe de chance.

Les joueurs considèrent un sou percé comme un fétiche.

Si l'on change de logis au moment où la lune est dans son croissant, c'est signe qu'on augmentera ses biens.

CHAPITRE II

PRÉSAGES DE MAUVAISE FORTUNE

Les *présages* suivants sont de mauvais augure :

Quand un serpent tombe par la cheminée ;

Quand on dit, dans un repas, quelque parole affligeante ;

Quand on marche sur le pied de quelqu'un ;

Quand, en sortant de chez soi, le premier pas qu'on fait est du pied gauche ;

Quand une femme enceinte voit un prêtre s'habiller à l'autel, et particulièrement lorsqu'il met la ceinture de son aube. La mère peut alors redouter que son enfant ne naisse les intestins enroulés autour du cou ;

Quand des roses de Jéricho qu'on aura fait venir des Indes ne s'ouvriront pas dans l'eau où on les aura mises ;

Quand l'oreille droite vous tintera : (ce seront alors des amis qui diront du mal de vous) ;

Quand, au lieu de poudre, on met de la cendre sur son écriture ;

Si, à table, on met les couteaux en croix. Frédéric de Prusse craignait tellement ce présage que quand il voyait des couteaux en croix, il les changeait de place ;

Si on marche sur des fétus disposés en croix ;

Si on voit trois bougies allumées en même temps ;

Quand, dans une maison, une poule chante avant le coq, c'est-à-dire quand la femme parle avant le mari ou plus haut que le mari ;

Lorsqu'on constate qu'un homme mort a une jambe plus longue que l'autre ;

Quand, au lieu d'ensevelir un mort à plate-terre, on l'ensevelit sur une table dans la chambre où il est décédé ;

Quand on traîne un drap mortuaire dans une église ou dans un cimetière. Il mourra alors plusieurs personnes dans la paroisse ;

Si le matin vous rencontrez, dans votre chemin, un prêtre ;

Si, étant à table, vous renversez la salière ;

Si l'on fait tomber du sel devant vous ;

Si vous répandez du vin sur vos vêtements ;

Si un oiseau de nuit vole par-dessus votre tête ;

Si vous saignez de la narine gauche ;

Si vous faites un faux pas en sortant de chez vous ;

Si vous apercevez sur une route un certain nombre de pies, à votre gauche ;

Si vous vous chaussez le pied gauche le premier ;

Pour savoir si un malade mourra de la maladie dont il souffre, il n'y a qu'à lui mettre du sel dans la main. Si le sel fond, c'est le signe que le malade mourra.

Ce sont de mauvais présages :

Si en vous levant, vous voyez un banc renversé ;

Si vous crachez dans le feu ;

Si vous donnez un couteau comme présent à un ami. Ce couteau rompt l'amitié qui existe entre celui qui le donne et celui qui le reçoit ;

Si une souris a rongé vos livres ou vos habits ;

Si on heurte, en se promenant, une pierre ;

Si on bat un chien ;

Si on donne des soufflets à un enfant ;

Si vous rencontrez sur une route une *seule* pie. La rencontre de deux pies n'annonce au contraire aucun malheur ;

Si vous rencontrez sur une route des moutons qui vous tournent le dos ;

Si l'on prend douze grains de blé, après avoir donné à chacun le nom des douze mois de l'année, et que l'on mette ces grains l'un après l'autre sur une pelle à feu un peu chaude, ceux qui ne sauteront pas hors de la pelle indiqueront les mois où l'on sera malheureux.

Si vous déchirez votre vêtement, c'est signe que vous devez redouter une atteinte à votre honneur.

Une salière renversée sur la table, un couteau croisé sur une fourchette présagent un malheur ;

Si à table, on laisse quelque chose dans son verre, c'est signe qu'on n'aura pas toujours de quoi satisfaire son appétit.

Si en quittant un ami, on lui dit : Adieu ! c'est signe que l'on s'expose à ne plus le rencontrer que dans l'autre monde. On doit lui dire : Au revoir !

S'il pleut le jour de votre mariage, c'est signe que votre femme pleurera souvent dans la vie.

Si on s'aperçoit qu'on a les mains sales, c'est signe d'un danger.

Quand l'on perd ses cheveux, c'est un présage de mort pour l'un de vos amis.

Quand les chauve-souris volent loin des maisons, c'est un présage de beau temps.

Si en revenant d'un voyage le vendredi, on ne peut, pour une raison quelconque, rentrer chez soi, c'est un présage de malheur.

Si l'on se lave les mains, c'est signe de chagrin.

Lorsqu'on voit une femme pleurer, c'est signe que l'affaire qu'on entreprendra ratera.

Si l'on redonne à téter à un enfant sevré, c'est signe qu'il deviendra un jour un blasphémateur.

Si l'on prête de l'argent au commencement de la journée, cela présagera que toute la journée sera malheureuse.

Si l'on prête de l'argent le premier jour de l'année, cela présagera que l'année entière sera désastreuse.

Qui rit le vendredi pleurera le dimanche.

Se couper les ongles le vendredi est un signe de malheur. Ceux qui craignent le vendredi redoutent ce jour parce que Jésus-Christ mourut un vendredi sur la croix.

Si l'on tue des mouches, c'est signe que l'on recevra des injures.

Si l'on est treize à table. Les apôtres étaient treize à célébrer Pâques. Le treizième, Judas, trahit Jésus et se pendit. De là, la légende que quand on est treize à table, le treizième doit mourir prochainement.

Si l'on casse un verre, c'est un mauvais présage.

Si l'on brise une glace, c'est signe qu'un malheur menace l'un des vôtres.

Si l'on entend craquer un meuble, c'est signe de sécheresse ou d'humidité. Le bois du meuble joue.

TABLE ·

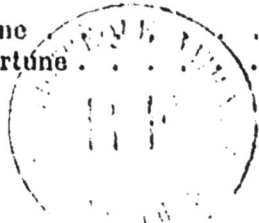

3551. — Tours, Imprimerie E. ARRAULT et Cie